IMPRESSIONS ET SOUVENIRS

TRENTE ANS APRÈS

METZ

ET SES CHAMPS DE BATAILLE

PAR

Régis BROCHET

AVOCAT

DOCTEUR EN DROIT

LA ROCHELLE

IMPRIMERIE NOUVELLE NOEL TEXIER ET FILS

29, RUE DES SAINTES-CLAIRES, 29

1901

METZ

ET SES CHAMPS DE BATAILLE

Dans l'après-midi du 19 juillet 1870, M. Le Sourd, premier secrétaire de l'ambassade de France à Berlin, notifiait au gouvernement prussien la déclaration de guerre à laquelle Bismarck nous avait si perfidement acculés, et demandait ses passeports.

Un frénétique enthousiasme secoua Paris et la France tout entière à l'annonce de cette nouvelle. « Les soldats d'Iéna sont prêts, écrivait le lendemain avec une lyrique exaltation le chroniqueur du *Constitutionnel* : ils vont encore tailler de la besogne aux Plutarque de l'avenir. » La victoire finale ne pouvait, en effet, faire de doute. N'avions-nous pas le souvenir des éclatants succès de Crimée et d'Italie ? des généraux et des soldats d'une bravoure sans égale ? En quelques jours l'Allemagne allait être envahie, et, sur le triomphal itinéraire de cette promenade militaire vers Berlin, dont les journaux publiaient la carte, le géographe Cortambert prophétisait déjà l'endroit où serait signé le traité de paix que nos armes allaient imposer à la Prusse.

On était alors au 6 août.

Huit jours après, les mêmes feuilles qui prédisaient à nos armées de glorieuses victoires et de faciles conquêtes, proclamaient la patrie en danger, et, comme aux jours sombres de 1793, l'appel aux armes retentissait à nouveau d'un bout à l'autre du territoire.

Plus forts que les hommes, les événements s'étaient précipités avec une incroyable et déconcertante rapidité. Dès les premiers chocs, la victoire avait trahi nos armes, et les bataillons allemands victorieux envahissaient notre frontière, culbutant sur Metz et Verdun nos troupes démoralisées par une série de combats où leur héroïsme n'avait pu suppléer au nombre.

Un tiers de siècle s'est déjà presque écoulé depuis ces tragiques événements, et il ne semble pas qu'à l'heure actuelle le souvenir s'en soit sensiblement atténué. Chaque année, en effet, quand les champs de Lorraine couverts de luxuriantes moissons étalent sous le plein soleil d'août, parmi les épis lourds et dorés, l'éternel et touchant symbole de leurs blanches marguerites, de leurs pâles bluets et de leurs éclatants coquelicots, ceux qui se souviennent et espèrent, accourent nombreux encore vers cette terre, chère entre toutes, payer le tribut muet de leur fraternel hommage à ceux qui trouvèrent là un inutile, mais glorieux trépas.

Comme tant d'autres rencontrés là-bas, au milieu de la campagne messine, je suis allé accomplir l'an passé vers ces champs de carnage encore tous bosselés de tombes et de monuments funèbres, un patriotique pèlerinage. Ce sont les impressions rapportées de cette émouvante, mais si intéressante excursion, que je vais relater ici.

C'est au lendemain du 14 juillet, alors qu'un soleil tropical convertissait en étuve les rues de la capitale et les galeries de l'Exposition, que je quittai Paris pour me rendre dans les Vosges. Après avoir parcouru les sites les plus réputés de cette poétique et pittoresque région où la nature, comme à plaisir, semble avoir prodigué tous ses charmes, et m'être, comme il convenait, désaltéré aux fontaines de Jouvence qui sourdent, innombrables, de ce sol riche et généreux, j'arrivai vers les premiers jours d'août dans l'ancienne capitale de la Lorraine, venant de Domrémy, l'immortelle patrie de l'héroïque et douce Jeanne d'Arc. C'est de Nancy, après un court séjour dans cette ville, sans conteste l'une des plus belles de France, que je pénétrai en pays annexé, me dirigeant sur Metz.

La distance qui sépare ces deux villes, véritables sentinelles avancées de deux peuples en armes, est d'environ soixante kilomètres, mais le pays traversé présente un aspect si varié, que ce parcours semble une véritable promenade. Jusqu'à la frontière, en effet, c'est devant l'œil charmé une succession ininterrompue des plus délicieux horizons, un continuel défilé de superbes villas encadrées de parcs admirables ; ce sont ensuite de vastes houblonnières, puis des forges et des aciéries dont les hautes cheminées sans cesse en activité, vomissent dans les airs d'épais tourbillons de fumée. La voie ferrée serpente au milieu de ce magnifique décor, longée parallèlement, du côté gauche par le canal de la Marne au Rhin et bordée sur la droite par les ombreux méandres de la Moselle, qui la côtoient presque sans interruption jusqu'aux portes de Metz.

Tandis qu'accoudé à la portière de mon compartiment je contemple avec ravissemnet la fraîche et luxuriante vallée qu'arrose cette majestueuse rivière, le train stoppe tout à coup. *Pagny-sur-Moselle!* gémit aussitôt une voix déplorablement nasillarde. Nous sommes arrivés à la dernière station française. Pendant qu'une machine allemande remplace à l'avant de notre train celle de la compagnie de l'Est, les voyageurs règlent leurs montres en prenant l'heure de l'Europe centrale qui diffère, comme on le sait, de cinquante cinq minutes avec celle de Paris. Un coup de sifflet vibrant, et notre convoi repart presque aussitôt. Quelques instants après nous passons la frontière et nous stoppons à nouveau en gare de *Novéant*. Un superbe sous-officier d'infanterie, coiffé du légendaire casque à pointe, déambule sur le quai d'un pas automatique, en se livrant à des effets de torse d'un comique achevé.

Comme de véritables moutons de Panurge, les voyageurs s'engouffrent à la queu leu leu dans la salle de visite où les douaniers allemands procèdent à l'inspection des bagages. C'est l'affaire d'un petit quart d'heure. Je constate qu'ils accomplissent leur besogne avec beaucoup de bienveillance. J'ai eu affaire plusieurs fois à leurs collègues suisses et italiens: j'ai fait la même remarque. J'ai acquis en revanche de la douane française une toute autre opinion. Mais passons. Une fois cette formalité administrative accomplie, chacun regagne son compartiment, et nous filons bientôt à toute vapeur dans la direction de Metz. Comme depuis Nancy, nous continuons toujours à longer la Moselle qui va s'élargissant de plus en plus à mesure que l'on approche de la vieille cité messine.

Quelques instants après avoir dépassé la station de Novéant, mes regards se trouvèrent subitement attirés par deux vastes chantiers que je remarquai à droite et à gauche de la voie ferrée. Je n'y aurais probablement attaché qu'une attention relative, si l'un de mes compagnons de voyage, très renseigné sur la région, ne m'eût prévenu que les susdits chantiers desservaient deux nouveaux forts dont le grand état-major de Berlin a décidé dernièrement la construction, et qui vont s'élever bientôt à quelques pas de notre frontière.

Dans ces deux chantiers règne une activité fébrile.

Du premier, à droite, part un chemin de fer aérien analogue à ceux qu'on a coutume d'employer dans les Alpes pour l'exploitation des carrières de ciment. On y charge les matériaux dans des bennes qui les amènent par des câbles métalliques jusqu'au fort *Haeseler* en construction sur le mont Saint-Blaise.

Le second chantier, situé du côté gauche, communique avec les hauteurs déboisées du Gorgimont par un petit chemin de fer à voie étroite, tracé à travers les vignes, et qui monte les wagonnets chargés de matériaux pour la construction du fort *Prince Impérial* que l'on édifie à son sommet. Ces deux forts, situés l'un et l'autre à 364 m. d'altitude, seront, paraît-il, entièrement bâtis en souterrain bétonné et pourvus de coupoles cuirassées, dans le genre de celle qui abritait au Champ-de-Mars l'exposition particulière du Creusot. Armés de canons de gros calibre, ils pourront en quelques instants réduire en cendres les bâtiments de la gare de Pagny-sur-Moselle, et rendre inutilisables, pour le débarquement de nos troupes, les voies ferrées qui avoisinent la frontière.

La construction de ces deux forts a pour premier résultat d'augmenter d'une dizaine de kilomètres au moins le rayon d'action du camp retranché de Metz. En dehors de ces travaux, cette place forte est actuellement défendue par une puissante artillerie de huit cents pièces, dont cent cinquante sur l'enceinte bastionnée qui l'entoure, et six cent cinquante dans les neuf forts et seize ouvrages intermédiaires qui précèdent cette enceinte. Je tiens ces renseignements d'annexés, et ils m'ont été confirmés deux ou trois fois pendant mon séjour à Metz.

En installant ainsi à une distance de quatre ou cinq kilomètres en avant de la ligne circulaire des anciens ouvrages deux nouveaux forts, le grand état-major de Berlin accentue le caractère nettement offensif que revêtait déjà la place forte de Metz par sa situation stratégique. Une armée d'invasion partant de cette ville aujourd'hui, serait devant Nancy le lendemain. Il semble donc plus urgent que jamais de mettre en état de défense les hauteurs qui couvrent à l'est les approches de Nancy. C'est du reste ce que demandent, à cor et à cris, les habitants de cette ville, chez qui le souvenir des terribles événements de 1870 est toujours demeuré extrêmement vivace.

On a dit et répété souvent, pour justifier l'obstination de notre état-major à ne pas fortifier Nancy, qu'une clause secrète annexée au traité de Francfort nous en interdit toute velléité. Ceci est de pure invention. Ce qui est vrai, c'est que dès le début, les plans de campagne prévoyaient l'abandon, sans coup férir, de la capitale de la Lorraine. Quand, par la suite, la réorganisation de nos forces nationales nous permit d'admettre la possibilité d'une grande bataille aux environs de la ville, sauf à l'évacuer si l'issue de la lutte nous était défavorable, on prétendit qu'il était trop tard pour commencer la construction d'ouvrages défensifs que nos voisins ne nous laisseraient pas achever.

Or, ceux-ci n'hésitent pas, en pleine paix, à augmenter encore les formidables défenses de Metz. Pourquoi aurions-nous plus de scrupules ?

Fortifions donc Nancy. Mettons la vieille capitale de la Lorraine à l'abri d'un coup de main qui, dès le début des hostilités, ne manquerait pas de produire un désastreux effet moral sur l'opinion publique en France.

Tandis que je me livre à ces réflexions je vois bientôt se dessiner dans le lointain la silhouette de la ville de Metz. Au fur et à mesure qu'on se rapproche c'est un enchevêtrement de lignes stratégiques et de travaux d'art. De vastes constructions en briques dominent de leur masse rougeâtre l'enceinte fortifiée : ce sont des bâtiments militaires. Le train s'arrête enfin sous l'immense hall d'une gare monumentale, construite avec un luxe architectural qu'ignorent presque totalement nos grandes compagnies françaises. Nous sommes enfin arrivés.

Je n'ai pas plutôt franchi le seuil de la gare que je me heurte à une formidable caserne sur la façade de laquelle s'étale, en gigantesques lettres d'or, le nom du prince Frédéric-Charles, le vainqueur de Bazaine, et me noie dans une mer de soldats de toutes armes.

La gare, édifiée sous la protection du fort Queuleu qui la domine à l'est, est en dehors des fortifications. Celles-ci une fois franchies, Metz apparaît dans toute sa servitude militaire. Dès les premiers pas on sent, avec une vivacité qui trouble et émeut, une nuée d'impressions se lever des uniformes, des visages prussiens, des inscriptions officielles. Tout signifie clairement que nous sommes des vaincus chassés et désormais des étrangers. A la tristesse qui monte du sol, qui s'exhale des pierres de ces remparts où des soldats, qui étaient nôtres, ont jadis bivouaqué triomphants, on se prend à mesurer ce que doivent goûter de joies orgueilleuses les touristes allemands lorsqu'ils visitent Sedan, Versailles et Paris.

Les souvenirs de la « grande guerre », comme ils disent, doivent les enivrer à chaque pas, sur le sol français ; ils nous empoisonnent de leur amertume, nous, sur le sol germanique.

Cerclée par l'ancien système de ses murailles françaises, comme un vieux bijou mérovingien monté sur une lourde membrure de fer, Metz est devenue pour les Allemands un vaste camp retranché qui n'a plus qu'une importance toute militaire. De tous côtés, en effet, on ne voit qu'arsenaux, casernes ou corps de garde, et, du matin au soir, sur les places, les soldats font l'exercice. On ne peut faire un pas autour des remparts sans apercevoir une troupe quelconque à laquelle un instructeur apprend à lever la jambe en mesure. Dans l'intérieur de la ville on marche sur les soldats. On m'a affirmé que Metz, avec ses forts, renfermait 35.000 hommes de garnison. Je ne crois pas que ce chiffre soit exagéré, car on ne peut tourner les yeux vers un point quelconque de l'horizon sans rencontrer le casque à pointe ou la casquette plate.

Malgré cette militarisation excessive, Metz n'est allemande que par l'étiquette officielle ; on s'en aperçoit du reste bien vite. Sans doute on y parle moins couramment le français qu'à Genève, mais malgré cela notre langue y est toujours en honneur, sauf, bien entendu, dans certains quartiers, exclusivement peuplés d'immigrés bavarois ou saxons. Les noms français des rues subsistent toujours ; le gouvernement du kaiser s'est simplement contenté de faire apposer sous les anciennes plaques une seconde, donnant la traduction allemande. Bref, autant qu'il m'a paru, aussi bien au cours de mes excursions que dans les conversations que j'ai eues avec plusieurs Messins, la germanisation, malgré les efforts inouïs qui ont été prodigués, n'a guère fait de progrès depuis trente ans.

La principale artère de Metz porte le nom d'avenue Serpenoise. Bordée d'une double rangée de tilleuls, elle est encadrée dès son origine, d'un côté, par les magnifiques jardins du palais épiscopal, et de l'autre par une vaste caserne dans laquelle des fantassins bavarois ont remplacé les pontonniers français qui l'occupaient avant la guerre. Après avoir longé ensuite dans toute son étendue la place de l'*Empereur Guillaume*, l'avenue Serpenoise se continue par la rue du même nom, véritable centre du mouvement et des affaires.

Un de mes premiers soins, dès mon arrivée, avait été de me munir d'un plan de la ville et d'une carte des environs, que je désirais visiter. A Nancy déjà, je m'étais vainement efforcé de me procurer ces objets. « Depuis l'annexion, m'avait-on partout répondu, nous n'avons rien sur Metz. » Ce patriotisme de librairie m'avait paru plutôt étrange. Il est vrai de dire que les Nancéens professent à l'égard de tout ce qui est allemand un profond ressentiment. Ils ont, j'en conviens, de justes raisons pour cela : leur état d'âme ne peut être évidemment le même que celui d'un Français de l'Ouest ou du Midi. Mais il y a en tout, cependant, un juste milieu, qu'il est toujours sage de savoir observer.

Pour quelques pfennigs je me procurai aisément dans une librairie ce dont j'avais besoin. Muni de mes cartes, j'entrai dans une brasserie de somptueuse apparence pour me rafraîchir et dresser le topo de mon excursion à travers la ville. Assis en cercle devant des tables garnies d'apéritifs nombreux et variés, de jeunes officiers de toutes armes discutaient là bruyamment, au milieu d'un cliquetis de sabres des moins harmonieux. Le nom du maréchal de Waldersee revenait à chaque instant sur leurs lèvres. C'était en effet le héros du jour. Son portrait s'étalait à toutes les vitrines; sa biographie encombrait les colonnes de tous les journaux.

Lorsque j'eus acquis de mon plan une idée suffisante, je laissai là ces belliqueux guerriers en tête à tête avec leurs multiples alcools et, tandis qu'ils continuaient à s'humecter en l'honneur des lauriers que le feld-maréchal de Waldersee ne devait pas manquer d'aller moissonner dans les plaines du Tchi-Li, je commençai de suite mes pérégrinations à travers la vieille cité messine.

*
* *

Bien que depuis quelques années on ait essayé de la moderniser un peu en la régularisant, la ville de Metz est pleine d'aspects imprévus, d'échappées curieuses et pittoresques où les deux rivières qui la bordent, la Moselle et la Seulle, tiennent une large part. Mais il est deux choses qui, par dessus tout, captivent dès l'abord l'attention du touriste : la promenade de l'Esplanade dont l'admirable et célèbre perspective a pour horizon les grandes lignes d'un paysage désormais historique, et la cathédrale, dont la masse imposante, majestueuse et hardie, dispute la palme aux plus remarquables basiliques de la chrétienté.

La promenade de l'Esplanade fait immédiatement suite à la place *Empereur Guillaume* que domine de toute sa hauteur la grande figure de Ney. La statue du général, que l'artiste a représenté tête nue, le fusil à la main, face à l'ennemi, rappelle comment le glorieux maréchal d'Empire sut montrer le courage du soldat aux heures terribles où l'autorité du grade ne suffisait plus pour rallier une armée perdue. Derrière ce brave des braves, dont les Allemands ont respecté la fière image, à quelque deux cents mètres de là, se dresse, sombre ironie de l'histoire, une imposante statue équestre de Guillaume Ier.

Entre ces deux monuments, qui évoquent dans un cœur français tant de souvenirs différents, règne une véritable oasis de fraîcheur et de grâce. Partout la flore étale ses lignes harmonieusement dessinées, ses corbeilles arrondies bordées d'agératums ou de bleus lobélias, ses massifs odorants aux nuances savamment variées. Une seule chose gâte l'impression que l'on éprouve à la vue de ce délicieux jardin : c'est cette statue de Guillaume. Non pas qu'elle soit dépourvue d'esthétique : elle est au contraire fort belle ; le socle surtout est d'une grande richesse. Mais en cet endroit, sur cette terre hier encore française, elle a quelque chose de choquant. Pour la population messine à qui on impose cette pénible contemplation, elle constitue une insulte permanente. Sur une place de Francfort cette statue se fût comprise. Ici elle dénote un manque de tact absolu.

Si l'on avance jusqu'à la rampe qui termine le terre-plein où du haut de son cheval de bronze le vieux Guillaume offre du geste à l'Allemagne la riante et fertile vallée qui s'étale à ses pieds, on se trouve subitement en face d'un admirable panorama que je ne puis guère mieux comparer qu'à celui dont on jouit du haut du palais des Papes, à Avignon. Ici le Rhône est remplacé par la Moselle dont les deux bras étincelants enserrent, dans leurs sinueux replis, les prés fleuris de l'île Saint-Symphorien, cette autre Barthelasse. Devant soi, dans les fonds et sur les hauteurs, à perte de vue, au milieu d'un paysage qu'animent une multitude de villages répandus comme pour le plaisir des yeux, s'étalent toutes les splendeurs d'une riche et luxuriante végétation.

Mais, ce qu'il est impossible de rendre, ce qui frappe surtout dans ce merveilleux tableau, c'est l'éclat de la lumière, c'est la vivacité des tons et leurs contrastes, c'est la netteté avec laquelle toutes les lignes se détachent et les contours se profilent sur la pureté d'un ciel sans nuages.

De l'autre côté de la Moselle, immédiatement en face de soi, se dresse le mont Saint-Quentin, la reine des collines messines, dont la masse imposante et blindée protège la ville qui, à ses pieds, mire dans les eaux vertes de la Moselle ses formidables murailles et la majestueuse silhouette de sa magnifique cathédrale. A gauche de ce fort, qui rappelle celui du mont Valérien, les hauteurs de Gravelotte, où se livra la sanglante bataille du 16 août 1870.

A l'Esplanade est attenant le palais de justice, édifice plus remarquable par son admirable situation et ses vastes dimensions que par son archi-

2

tecture. Un ravissant jardin, au milieu duquel s'élève la statue du prince Frédéric-Charles, s'étend en avant. Tout auprès sont les bâtiments qu'occupait avant 1870 l'ancienne école d'application du génie et de l'artillerie, transférée depuis lors à Fontainebleau. Les Allemands y ont installé les services du recrutement. Je jette un rapide coup d'œil à ce monument qui rappelle tant de pénibles souvenirs et, par la rampe de l'Esplanade, j'arrive bientôt devant le théâtre.

Cet édifice, d'ordre toscan, est simplement remarquable par les terrasses qui règnent le long de sa façade, à la hauteur des premières galeries; les spectateurs trouvent là, durant les entr'actes, un promenoir agréable et commode. La salle de spectacle, dans laquelle je pénètre à la suite d'ouvriers occupés à des réparations, est vaste et bien décorée. Mon inspection terminée, je vais consulter par curiosité les affiches de spectacle de la saison dernière. Je constate tout d'abord qu'on l'a clôturée par *Blanchette*, l'un des plus grands succès du théâtre Antoine. Puis je note au hasard *Cyrano de Bergerac*, le *Roi de Rome*, *Plus que Reine*, bref, tout le répertoire des dernières nouveautés parisiennes. J'ai cependant vainement cherché la *Dame de chez Maxim* et le *Vieux Marcheur*. Est-ce que, par hasard, la censure allemande aurait proscrit les ronds de jambes de la môme Crevette, et les propos gaillards du sénateur Labosse ?

La place de la Comédie, située devant le théâtre, est ornée d'une fontaine monumentale qui rappelle un peu celles de la Concorde à Paris.

Poursuivant ma promenade, j'arrive bientôt devant les grands moulins de la ville, dont les cylindres nuit et jour ne chôment guère, puis sur la place de la Préfecture où se trouve l'hôtel de la présidence du département. Je traverse à nouveau la Moselle et, par des rues à pente très raide je parviens en quelques instants sur la place d'Armes, jadis place Napoléon.

Me voici enfin devant la cathédrale.

De toutes parts on voit sa flèche aiguë couper l'horizon, pointer au-dessus des arbres et des édifices; l'œil, en la contemplant, est comme hypnotisé par cette imposante masse gothique qui domine tout, et resplendit sous les feux du soleil qui semblent faire flamber ses grands vitraux.

Commencée au XIe siècle et terminée au XVIe, cette basilique est un des monuments les plus remarquables du style oigival. La flèche qui la surmonte donne l'illusion d'un vrai mât de pierre dont les contreforts semblent autant de cordages, tant la pyramide formée par leur faisceau est délicatement travaillée à jour.

Cette flèche est supportée par une tour qui lui sert de base et dans laquelle est suspendue la grosse cloche du pays, la *Mute*, comme on l'appelle. Fondue et refondue, baptisée et rebaptisée solennellement bien des fois, pesant presque ses vingt-deux milliers de bronze, la Mute se met en branle depuis six siècles aux heures solennelles, et Dieu sait si elle en a vu ! C'est elle qui sonna le glas funèbre lors de la reddition de la ville aux Prussiens ; c'est elle aujourd'hui qui donne le signal d'alarme et sonne le « tocsin » quand fulgurent sur un point de la ville les rouges lueurs de l'incendie.

La tour de la Mute est un monument municipal : c'est l'antique beffroi de la république messine.

L'intérieur de la cathédrale surtout est absolument admirable. Toutes les fenêtres en ogive de cet immense vaisseau transparent sont ornées de verrières d'une grande magnificence. Celles du transept, notamment, sont d'un luxe inouï. En cette région du temple, la basilique est à jour des pieds à la tête, et la lumière arrivant plus tamisée, plus sereine et aussi plus mystique, la fait étinceler dans une fabuleuse splendeur depuis les dalles de l'aire jusqu'aux arceaux de la voûte.

Autrefois remplie d'œuvres d'art, la cathédrale de Metz a perdu de véritables trésors dans les pillages successifs qu'en ont fait les Luthériens; elle ne possède plus guère aujourd'hui comme chose curieuse que la chape de Charlemagne.

En 1877 un incendie, causé par un feu d'artifice donné à l'occasion de la visite de l'empereur Guillaume, détruisit entièrement la toiture qui a été du reste complètement refaite depuis.

Après avoir fait l'ascension de la flèche et contemplé du haut de ce magnifique belvédère l'admirable panorama des environs de Metz, je me retrouvai à nouveau, à ma descente, sur la place d'Armes, le forum de la cité ; c'est un vaste rectangle qu'encadrent des deux côtés la cathédrale et l'hôtel de ville et qu'orne à l'une de ses extrémités la statue en bronze du maréchal Fabert, une des gloires de Metz. Sorti des rangs plébéiens, cet illustre maréchal s'éleva de grade en grade, par son seul mérite, jusqu'aux premières dignités militaires, dans un temps où elles étaient le partage exclusif de la haute noblesse. Il est représenté là debout, au moment où il prononce les belles paroles qu'on a gravées sur le piédestal de sa statue, paroles très simples pourtant, mais que l'ex-maréchal Bazaine aurait bien dû méditer un peu, avant de réduire Metz à la nécessité d'une capitulation :

SI, POUR EMPÊCHER QU'UNE PLACE
QUE LE ROI M'A CONFIÉE
NE TOMBAT AU POUVOIR DE L'ENNEMI,
IL FALLAIT METTRE A LA BRÈCHE
MA PERSONNE, MA FAMILLE ET MON BIEN,
JE NE BALANCERAIS PAS UN INSTANT A LE FAIRE.

Dans la soirée j'achevai ma promenade à travers la ville en faisant le tour des remparts. Mais ma visite n'eût pas été complète si je ne fus allé saluer au cimetière de l'île *Chambière*, ce *campo santo* de nos héros, le monument funèbre élevé en 1871 à la mémoire des soldats français tombés sous les murs de Metz. Il faut faire une bonne lieue pour accomplir ce pèlerinage, mais un Français ne saurait quitter Metz sans aller donner aux mânes de ceux qui dorment si nombreux là-bas leur dernier sommeil, un témoignage ému de patriotique admiration.

Chambière est situé au nord de la ville dans la direction de Ladonchamp. Pour s'y rendre, on longe presque continuellement la Moselle et son affluent la Seulle.

Sitôt les fortifications franchies, je fus frappé de voir de vastes étendues de terrain, entourées de grilles, complètement incultes. Mon étonnement était d'autant plus grand qu'il m'avait été rarement donné d'apercevoir, depuis mon arrivée, un mètre carré de terrain qui fut inoccupé. Partout, en effet, où il y a place pour loger douze hommes on installe un corps de garde. Ma surprise fut de courte durée. De petites bornes en pierre portant cette inscription : *Respect aux morts !* m'eurent bien vite fait comprendre que sous l'herbe rare qui constitue leur seul tertre, gisent là, pêle-mêle depuis le siège, réconciliés dans la mort, des centaines de soldats français et allemands.

A mesure qu'on approche de Chambière on croise à chaque instant des détachements de soldats de toutes armes se rendant sur les terrains de manœuvres qui entourent la vaste nécropole.

Après avoir côtoyé pendant quelques instants le cimetière israélite, j'arrivai enfin, par un assez long détour, devant un corps de garde, situé à l'entrée du cimetière où sont inhumés les officiers et les soldats français. J'avais à peine fait quelques pas dans cet asile de l'éternel repos, que deux soldats, sortis du poste, se précipitèrent sur mes talons et vinrent m'interpeller pour savoir où j'allais. Je tenais à la main une carte déployée et c'est probablement ce qui avait attiré leur attention sur moi. Lorsque je leur eus expliqué l'objet de ma visite ils s'éloignèrent aussitôt non sans m'avoir gratifié d'un salut des plus corrects. Quelques instants après, j'arrivais en face de l'imposant monument élevé au lendemain de la guerre à la mémoire des soldats français tombés au service de la patrie.

Ce monument, vraiment impressionnant, est formé par une pyramide haute de douze mètres reposant sur un soubassement composé de cercueils empilés qui, par leur funèbre symbolisme, indiquent ainsi que la dédicace inscrite plus bas : *Les femmes de Metz à ceux qu'elles ont soignés*, que ce tombeau a été élevé à la mémoire d'un nombre considérable de personnes. La conception en est large, l'aspect grandiose.

Sur le socle qui supporte la pyramide on lit quatre inscriptions.

Sur la face principale on a gravé celle-ci :

METZ
AUX SOLDATS FRANÇAIS MORTS DANS SES MURS
POUR LA PATRIE

et par derrière, cette autre :

A LA MÉMOIRE DES 7.203 SOLDATS FRANÇAIS
MORTS DANS LES AMBULANCES DE METZ.

A droite, ces simples mots :

BORNY, 14 AOUT 1870.
GRAVELOTTE, 16 AOUT 1870.
SAINT-PRIVAT, 18 AOUT 1870.

A gauche :

SERVIGNY, 31 AOUT 1870.
PELTRE, 27 SEPTEMBRE 1870.
LADONCHAMP, 7 OCTOBRE 1870.

Hélas ! c'est toute l'histoire de la défense de Metz.

De nombreuses sentences complètent cette funèbre décoration. J'y ai relevé celle-ci, de Mgr Dupanloup :

« Ils partirent laissant là le repos, la sécurité, leurs familles, la patrie, leurs mères, leurs sœurs, tout ce qui attache le cœur sur cette terre.

»˙Ils furent à la fois des héros et des martyrs. »

L'inauguration de ce monument eut lieu le 7 septembre 1871 en présence du digne et patriote évêque Dupont des Loges. A côté, se trouve un autre tombeau élevé à la mémoire des officiers français. Il est surmonté d'une très belle statue de la France pleurant sur leurs cendres.

Deux immenses tranchées entourent ces monuments. De minuscules croix de fer plantées à chacune de leurs extrémités indiquent au passant que dans l'une reposent 1.901 soldats français, et dans l'autre 1.936, soit près de 4.000 cadavres. Devant tant de deuils et d'existences brisées, le plus sceptique se sent étreint d'une indicible émotion. On comprend alors toute l'horreur des guerres, *bella matribus detestata*, ces guerres exécrées par les mères, suivant la sublime expression d'Horace, et l'on maudit ces atroces boucheries qui fauchent dans leur tige d'innombrables générations.

Un vaste parterre, soigneusement entretenu par la société du *Souvenir français*, recouvre, comme un chatoyant tapis de fleurs, chacune des deux tranchées où sont ensevelis ces braves que la mort, à pleine faulx moissonna. Chaque année, à la Toussaint, ou quand revient la date anniversaire d'une des grandes batailles livrées sous Metz, des pères, des mères, traversent la France pour venir s'agenouiller sur ce coin de terre, et pieusement déposer sur le funèbre monument qui garde le souvenir d'êtres qui leur furent chers, un témoignage de leur inconsolable douleur. Les innombrables couronnes qui garnissent ce monument, sont pour la plupart recouvertes d'inscriptions vraiment touchantes, qui attestent d'impérissables regrets, et dont l'ensemble constitue un livre tout à fait émouvant.

Tout à l'entour on marche au milieu de tombes d'officiers prussiens ou d'officiers français décédés à Metz au retour de leur captivité.

Le soleil commençait à baisser sur l'horizon. Je m'acheminai lentement vers Metz en longeant les bords de la Seulle, et je franchis à nouveau les portes de la ville à l'heure où les soldats enfin libres sortaient de leurs casernes, inondant les rues qui, en quelques instants, présentèrent l'aspect d'une véritable fourmilière. Par groupes compacts, ils déambulaient, s'arrêtant parfois devant un étalage pour contempler ici le portrait de leur empereur voisinant avec celui de Bismark en forgeron, martelant sur une enclume l'épée de l'unité allemande ; plus loin de superbes vues panoramiques de l'exposition de Paris. Il n'était guère de rues, en effet, où l'on ne pût voir exposée une photographie du pavillon érigé par l'Allemagne sur les bords de la Seine. Il fallait entendre avec quel enthousiasme et aussi avec quelle fierté les sujets de Guillaume parlaient de leur exposition, dont les journaux d'Outre-Rhin ne cessaient d'ailleurs de vanter le légitime succès.

J'eus l'occasion d'en causer avec plusieurs Allemands qui arrivaient de Paris. Ils étaient absolument émerveillés de ce qu'ils avaient vu dans notre capitale. On leur avait tant dit et répété, depuis deux ans, que la France était une nation avilie et déchue qu'ils avaient été positivement stupéfaits du spectacle incomparable qui, pendant six mois, s'est déroulé sur les deux rives de la Seine. L'accueil courtois qu'ils avaient en outre partout reçu à Paris, où ils ont remplacé durant l'exposition les insulaires des bords de la Tamise occupés par les Boërs dans les plaines de l'Afrique australe, leur avait également causé une agréable surprise. Ces divers sentiments du reste se reflétaient dans presque tous leurs journaux. Sans être un profond politique il n'était pas malaisé de percevoir dans leurs paroles comme dans leurs actes un changement d'attitude à notre égard : j'eus maintes fois l'occasion de le constater. Chaque fois d'ailleurs que j'ai excipé de ma qualité de Français, j'ai toujours trouvé des gens empressés et d'une amabilité parfaite. Deux ans auparavant, à la même époque, je parcourais la Suisse et l'Italie septentrionale. Combien autres étaient alors les sentiments qu'on nous témoignait ! Chaque jour les journaux de ces deux pays nous traitaient de bandits, d'être vils et méprisables, oubliant que ces mêmes bandits avaient jadis pour eux, généreusement versé leur sang dans les plaines de Magenta et de Solférino. Partout on sentait que la jalousie et une sourde haine escortaient nos pas ; parfois même c'en était réellement écœurant. A ce point de vue, les sentiments que j'ai éprouvés de l'autre côté des Vosges sont tous autres. J'en suis revenu très attristé sans doute du douloureux spectacle qu'offre encore, après un tiers de siècle écoulé, ce lambeau de territoire violemment arraché, au mépris du droit des gens, à la mère patrie, mais aussi avec le sentiment très net que là du moins, où l'on ne nous doit aucune reconnaissance, la calomnie dont nous avons été partout abreuvés n'a pas eu prise. On sait nous estimer à notre juste valeur et même nous respecter. Et cela, c'est bien quelque chose.

Le restaurant de l'hôtel où j'étais descendu était surtout fréquenté par des officiers de la garnison. Je m'y retrouvai le soir à table avec les mêmes convives que le matin. Par une délicate attention, on me présenta un menu rédigé en français, mais Dieu, quel français! *Quissot de beuf aux pômes, Truite saumonet soce mayonèse,* et le reste à l'avenant. Heureusement que mon estomac, très éclectique, ne se laisse pas rebuter par les subtilités de l'orthographe!

Tout en parcourant dans un journal local les dernières nouvelles de Paris, j'examinais attentivement la physionomie des nombreux guerriers dont j'étais entouré. Ils étaient bien une vingtaine et j'étais le seul pékin égaré là au milieu d'eux. En face de moi j'avais de tous jeunes officiers très correctement sanglés dans leur redingote noire à plastron blanc, le cou péniblement engoncé dans un énorme et ridicule col carcan. Ils causaient peu, mais se rattrapaient en buvant dru un capiteux petit vin gris de Lorraine. Les autres, plus âgés, n'étaient guère plus loquaces. Tout ce monde en revanche travaillait des mâchoires avec une belle ardeur. Le repas touchait à sa fin et je me disposais à aller écouter le concert que donnent chaque soir, sur l'Esplanade, les musiques militaires de la garnison, lorsque mon voisin de droite, penchant vers moi ses lunettes cerclées d'or, me posa à brûle-pourpoint cette question :

« Vous visitez Metz, Monsieur ?

— En effet, répondis-je.

— Et votre excursion vous a beaucoup intéressé ?

La glace était rompue. Un cigare, aimablement offert et de bonne grâce accepté, scella cette entrée en matière et nous passâmes ensemble au fumoir. J'ignorais à ce moment quel pouvait bien être le grade de mon interlocuteur. J'appris le lendemain seulement que c'était un général saxon. Chez nous, on est de suite fixé à cet égard par le nombre des galons qui s'étalent sur les manches ou qui ornent le képi. En Allemagne, les officiers ne portent pas de galons : les grades se reconnaissent aux broderies qui entourent le col. Le café servi, la conversation s'engagea aussitôt sous l'œil sévère du kaiser Guillaume dont le buste, orné de fleurs, décorait la salle où nous étions. Paris et l'Exposition firent tout d'abord les frais de notre entretien. Tandis que nous devisions ainsi, notre groupe insensiblement s'était augmenté de quelques unités. En peu d'instants la conversation devint générale. Etant au milieu de gens particulièrement compétents, j'en profitai pour m'informer de l'itinéraire qu'il me faudrait suivre le lendemain pour visiter utilement les champs de bataille de Rezonville, Gravelotte et Saint-Privat. « Vous avez raison, me dit l'un de mes interlocuteurs, d'aller voir ces lieux où se livrèrent les deux plus meurtrières batailles du siècle. Les vôtres s'y sont battus avec courage et fait tuer avec héroïsme. Bien que stériles, ces journées ne furent pas sans gloire pour vos armes. Moi qui vous parle, j'y étais ; j'ai vu à l'œuvre vos petits pantalons rouges, ce sont de crânes soldats. Je puis leur rendre hommage, j'ai été blessé par eux. »

— « Qui aurait dit alors, interrompit un autre, que, trente ans après, les fils de ceux qui s'entre-tuaient ainsi sur le plateau de Gravelotte combattraient un jour côte à côte sur la route de Pékin ! »

Le terrain devenant brûlant, je pris prétexte de ce qu'il me fallait partir le lendemain, dès l'aube, pour prendre congé et me retirer.

*
* *

Avant l'investissement, comme pendant le siège, les environs de Metz furent, on le sait, le théâtre des plus sanglants combats. Les excursions autour de la ville sont aujourd'hui des pèlerinages historiques dont la note funèbre est encore grossie pour nous par le regret de la défaite et la honte du résultat.

Les alentours de Metz, jadis si riants, ont été convertis en cimetières. On ne voit partout que des croix et des tombeaux qui, tout indifférent qu'on puisse être, vous crient que plus de cent mille soldats, tant allemands que français, ont versé là leur sang pour une cause, qui, bien que devenue nationale, intéressait dans le principe beaucoup plus les souverains que les peuples.

L'excursion à ces champs de bataille, outre l'intérêt rétrospectif qu'elle offre, est en quelque sorte obligatoire : car, si la leçon de philosophie que donnent ces monuments élevés côte à côte, par deux nations rivales, se rencontrant dans une idée commune, est perdue pour l'histoire, du moins perpétue-t-elle le souvenir des braves qui, après avoir accompli le terrible devoir de s'entredonner la mort, reposent l'un près de l'autre dans le sommeil éternel.

Les champs de bataille des 16 et 18 août 1870, c'est-à-dire de Gravelotte et de Saint-Privat, sont de beaucoup les plus intéressants à parcourir. C'est du reste sur ces points que furent tentés les plus sérieux efforts destinés à rompre les lignes prussiennes qui faisaient obstacle à la retraite de l'armée française sur Verdun.

La bataille du 16 août, qui porte en France le nom de Gravelotte et en Allemagne celui de Rezonville, fut une des plus meurtrières de toute la guerre. 32.000 hommes restèrent sur le champ de bataille, sans compter 879 officiers français et 712 officiers allemands : toute la population d'une ville! Quant à la bataille de Saint-Privat, qui porte en Allemagne le nom de Gravelotte, ce fut celle des temps modernes qui réunit le plus de combattants : 125.000 Français y furent en effet successivement engagés contre 230.000 Allemands. Nous perdîmes dans cette journée 609 officiers et 11.705 hommes ; les Allemands, 900 officiers et près de vingt mille hommes.

Lorsque du haut des crêtes de Gravelotte on contemple les sillons roux où nos régiments tombèrent, décimés par le nombre, on aperçoit mieux combien ces morts furent héroïques. Il y en eut tant et tant qu'à la poussière épaisse soulevée par les pas, le long des champs, un peu de leur cendre est encore mêlée. A la vue des innombrables tertres qui émergent, sinistres, de tous les points de l'horizon, l'âme s'emplit d'une mélancolie profonde. Ces vers du poète, évocateurs de sombres visions, se présentent alors à l'esprit, et on se les répète à mi-voix :

> Là-bas, la récolte abondante
> Emplit l'aire du paysan,
> Car la matière fécondante
> N'y manque pas. Et c'est du sang !
>
> Chaque sillon est une tombe
> Où dort de son dernier sommeil
> Un héros qui, quand la nuit tombe,
> Se lève, appelant le réveil.
>
> Chaque champ est un cimetière
> Où dorment des lions vaillants
> Dans l'attitude mâle et fière
> Que, morts, conservent les géants.
>
> La plaine est une nécropole
> Où toute une phalange dort
> Et que le soleil auréole
> De son éclatant nimbe d'or.
>
> Et, parfois, dans la nuit sereine,
> On voit s'ouvrir les verts sillons
> Et se couvrir l'immense plaine
> De silencieux bataillons.
>
> De fantastiques chevauchées
> Passent en vagues tourbillons,
> Et les moissons semblent hachées
> Par de macabres légions.
>
> Tous ces morts paraissent combattre
> Contre un invisible ennemi
> Sans jamais se laisser abattre,
> Sans jamais demander merci.
>
> Jusqu'aux premiers feux de l'aurore
> Dure le funèbre combat,
> Et quand l'horizon se colore,
> Disparaît le dernier soldat.

L'aurore à peine commençait à poindre, lorsque je franchis la porte de France, me dirigeant, au trot de deux bons chevaux, vers ces plaines désormais historiques. Gravelotte était le but premier de mon excursion.

De Metz à Moulins, entre Ban-Saint-Martin et Longeville, du côté droit principalement, la route est jalonnée de bâtiments militaires aménagés avec un confort luxueux.

Le soleil darde déjà de véritables rayons de feu lorsque j'y arrive. A l'intersection des routes de Verdun et de Briey, le cocher qui me tient lieu de cicerone, me désigne une grande bâtisse à un étage fraîchement badigeonnée et tapissée du côté ouest par d'immenses espaliers. C'est la maison dans laquelle Napoléon III passa la nuit qui précéda la bataille du 16 août. La chambre à coucher, occupée par l'empereur et le prince impérial, est située au rez-de-chaussée, à gauche du couloir. Au-dessus de la porte d'entrée, on a posé une plaque sur laquelle on lit une inscription allemande rappelant que le quartier général de l'empereur Napoléon fut installé dans cette maison du 15 au 16 août 1870. Nous quittons cette chambre évocatrice de si cruels souvenirs et prenons la route qui se dirige sur *Mars-la-Tour* par Rezonville et Vionville, qui furent en cette journée le théâtre des plus sanglants engagements.

A droite, à gauche, des monuments et de nombreuses croix perpétuent le souvenir de l'acharnement des combattants des deux armées.

A Rezonville, centre de l'action du 16, plusieurs plaques commémoratives rappellent l'endroit où le vieux Guillaume, de Moltke et Bismark passèrent la nuit après la bataille livrée le surlendemain entre Amanvilliers et Saint-Privat. La chambre à coucher de Guillaume, située au premier étage, est restée dans l'état où elle se trouvait à cette époque et de nombreux Allemands viennent chaque jour la visiter.

A la sortie de Rezonville, sur la route de Vionville, à gauche, on remarque également, situé au milieu d'un enclos, un superbe bas-relief en bronze, affectant la forme d'un banc monumental. Ce bas-relief représente le roi de Prusse, assis sur une échelle, reposant sur des madriers, au moment où de Moltke — il est neuf heures du soir — lui annonce que les positions de Saint-Privat ont été tournées et que l'aile droite de l'armée française se replie sur Metz. Un peu en arrière de de Moltke se trouvent Bismark, le ministre de la guerre de Roon, et un petit groupe d'officiers généraux.

En 1877, Guillaume vint un jour visiter le champ de bataille. Un vieux paysan nous raconte qu'en revoyant le petit enclos, l'empereur aurait dit à de Moltke qui l'accompagnait : « Voici la place où j'ai passé le plus mauvais quart d'heure de ma vie. » En effet, pendant longtemps, la bataille était restée indécise. Les Allemands avaient été refoulés en désordre à leur aile droite ; devant la ferme de Saint-Hubert une division entière d'infanterie avait été tenue en échec par un bataillon du 80e de ligne, retranché dans ce bâtiment ; devant Saint-Privat, défendu par le glorieux Canrobert, la garde royale prussienne avait trouvé son tombeau. Assis sur son échelle, Guillaume se demandait s'il n'allait pas ordonner la retraite de son armée, qui en deux journées de bataille avait perdu 1.600 officiers et plus de 37.000 combattants, lorsque de Moltke vint lui apprendre l'heureuse issue de la lutte.

Au-delà de Rezonville, du côté de Flavigny et de Vionville, partout les monuments et les croix se succèdent. Parfois, en certains endroits, les tombes se multiplient, attestant que là la lutte fut particulièrement âpre.

Les paysans viennent d'engranger la moisson. Au milieu de ces champs nus, où plane comme un relent de mort, l'œil distingue à merveille la multitude de cippes funéraires et de blanches croix que les Allemands ont, de toutes parts, élevés à la mémoire de leurs soldats. On chercherait en vain la place sacrée où les nôtres furent immolés. C'est que tous ont été portés de l'autre côté de la frontière, en terre française, dans les cimetières de Bruville, de Saint-Marcel et de Domont, ou dans l'ossuaire national de Mars-la-Tour.

En même temps que nous, de nombreux Allemands visitent ces tombes à l'occasion du trentième anniversaire du terrible drame dont ces lieux furent le théâtre. Tous les cippes funéraires que nous rencontrons sont parés de fraîches couronnes vertes où s'entremêlent la feuille vernie du laurier et les aiguilles brillantes des sapins. A chacune d'elles sont fixés trois rubans — noir, blanc et rouge, — qu'assemble une cocarde blanche au cœur noir. On les voit flotter de loin au-dessus des chaumes comme des essaims de papillons funèbres. A chaque pas, l'orgueil du vainqueur se manifeste par l'opulence des tombeaux qu'il a édifiés sur les tombes de ses soldats. Ici c'est un lion formidable qui veille, plus loin c'est un livre de bronze aux énormes feuillets que le burin de l'artiste a couverts de noms, et, sur toute la surface des champs, sur une largeur de quinze kilomètres et sur une longueur de cinq lieues, des pyramides se succèdent au-dessus desquelles des aigles de bronze déploient leurs ailes victorieuses. Ces monuments de brigades ou de régiments allemands sont si nombreux qu'on ne peut songer à les énumérer. Nous ferons cependant exception pour la colonne qui indique, un peu au nord de Rezonville, le point où s'est terminée, sous les feux de salve de l'infanterie française, la fameuse charge de cavalerie de la brigade Bredow, appelée par les Allemands la *chevauchée de la mort*.

Après avoir parcouru le champ de bataille du 16 août, je continuai mon excursion par celui du 18, qui lui fait immédiatement suite. Sur toute son étendue on ne rencontre aucun village, mais, par contre, un certain nombre de grosses fermes dont les bâtiments, de construction solide, fournissaient d'excellents points d'appui à la défense : *Saint-Hubert* où se trouvait le corps du général Frossard, *Moscou, Leipsick, Chantrenne, Montigny-la-Grange, Marengo, Jérusalem*. A un kilomètre environ de Gravelotte, sur la route de Verdun, on rencontre la ferme de *Mogador*, près de laquelle se tenait le roi Guillaume pendant la bataille, comme le rappelle une grosse pierre avec inscription. Puis la route longe ensuite le bois des Guénivaux et traverse Verneville, où l'on remarque quatre ou cinq monuments, tous allemands. De là on gagne *Amanvilliers* par une route gravissant une colline dont le sommet, ainsi que tous les versants, sont hérissés de croix. Là on se trouve à peu près au milieu du champ de bataille. L'action a été rude sur ce point, car tout autour du village ce ne sont que croix et monuments funèbres. Tandis que le quatrième corps, celui de Ladmirault, défendait cette position, l'aile droite de l'armée française se prolongeait jusqu'à Saint-Privat, village très avantageusement situé en face de la forêt de Jaumont, sur une éminence dont les pentes s'abaissent doucement sur Roncourt au nord et sur Sainte-Marie-aux-Chênes à l'ouest. Deux myriamètres environ séparent Amanvilliers de Saint-Privat. Occupé par Canrobert, ce village fut pendant toute la journée défendu avec acharnement par l'héroïque et glorieux commandant du 6e corps. Ce fut sur ce point, pour employer une expression célèbre, une véritable boucherie humaine. Le *glacis de Saint-Privat*, si difficile à traverser sous les feux rasants du village et de son « avancée », la ferme de Jérusalem, restera longtemps célèbre dans l'histoire de la tactique. Guillaume Ier l'a appelé à juste titre « le tombeau de sa garde », et son désir de le conserver en terre allemande a amené la rétrocession, en échange d'une rectification de frontière du côté de Belfort, des deux communes de Saint-Privat et de Sainte-Marie-aux-Chênes, que le traité de Francfort avait d'abord laissées à la France.

Nulle part les sépultures militaires ne sont aussi nombreuses et aussi pressées, — si ce n'est peut-être aux abords de Saint-Hubert et du Point-du-Jour, — et les monuments collectifs s'y rencontrent presque à chaque pas. Le plus remarquable est celui du 1er régiment de la garde, inauguré le 18 août 1899. C'est l'empereur Guillaume II lui-même qui en a dressé le plan. Il s'élève à l'extrémité nord-ouest de Saint-Privat, dominant tout le paysage.

Sur un socle affectant la forme d'un gros tronc de chêne, se dresse une figure allégorique en bronze, représentant un ange aux ailes déployées qui tient une épée dans les mains : la figure est tournée du côté de la frontière, vers l'endroit où est tombé le commandant du régiment. Sur le devant de ce monument, haut de 8 mètres environ, on remarque une inscription en relief taillée dans la pierre, et dont voici la traduction : « Aux braves camarades inoubliables, Guillaume II et son 1er régiment de la garde à pied. » De l'autre côté sont inscrites les pertes subies par le régiment : le commandant, 35 officiers, 104 sous-officiers et 982 grenadiers, presque tout l'effectif !

Le socle de ce monument est en pierre de Jaumont. Ce détail, par lui-même d'un intérêt tout à fait secondaire, évoque cependant le souvenir des fameuses carrières de ce nom qu'une dépêche de Bazaine rendit célèbres. Ces carrières, situées à 1.500 mètres de Saint-Privat, passèrent un moment pour avoir été le tombeau de l'armée allemande. Deux jours après la mémorable bataille dont nous venons de parcourir le théâtre, le ministre de la guerre annonçait en effet au Corps législatif que, d'après différents renseignements dignes de foi, le maréchal Bazaine avait rejeté, le 18, trois corps d'armée prussiens dans les susdites carrières. Hélas! il n'en était rien, et la fausse joie causée par cette nouvelle télégraphiée aux quatre coins de la France fit bientôt place à la plus cruelle désillusion.

A *Sainte-Marie-aux-Chênes,* par exception, il existe un monument français, que surmonte une statue de la Vierge, et qui a été consacré par « le colonel, comte de Geslin, les officiers et sous-officiers du 94e de ligne à tous les braves du régiment morts pour la France le 18 août 1870. »

Parvenu au terme de ce pieux pèlerinage, le cœur serré, je repris la route de Metz. Ma course d'ailleurs n'était pas finie, et l'étape qu'il me restait à faire était encore longue.

Aux approches de Moulins, je me croise avec un régiment d'infanterie prussien rentrant de la manœuvre. Les hommes paraissent avoir fait une longue étape; ils sont tout saupoudrés de poussière et couverts de sueur. Ils ont le casque à pointe et sont vêtus d'une tunique et d'un pantalon bleus. Comme chaussures, la demi-botte : au poignard-baïonnette, la dragonne blanche. Le fusil est négligemment porté sur l'épaule gauche, le canon en dessus. Leur allure est décidée. Les hommes, presque tous imberbes, paraissent pour la plupart beaucoup plus jeunes que nos soldats; quelques uns même ont l'aspect d'enfants. Il est vrai de dire qu'ils sont appelés sous les drapeaux dès l'âge de vingt ans.

A mesure que j'approche des remparts messins, je me heurte à des détachements de toutes armes qui regagnent leurs casernes. C'est un défilé ininterrompu de sous-officiers à bicyclette et d'officiers caracolant au trot de leur cheval.

Bientôt Metz apparaît, dominé par sa vieille cathédrale, qu'illuminent les derniers reflets du soleil couchant.

Quelques heures plus tard, je me retrouve à table avec les mêmes convives que la veille, l'esprit plein des mélancoliques souvenirs de cette journée, mais heureux cependant d'avoir parcouru les lieux où se déroulèrent, il y a trente ans déjà passés, quelques-uns des actes les plus sanglants de ce terrible drame dont le récit avait si tristement jadis bercé mes jeunes ans.

Le lendemain, après avoir assisté, à *Frascati* (1), à une imposante revue de 20.000 hommes, je quittais Metz pour de nouveaux horizons.

A quelques jours de là, les journaux français enregistraient bruyamment un édit du gouvernement allemand autorisant dorénavant les militaires et les émigrés à pénétrer en Alsace-Lorraine sans attendre le passeport, impérieusement exigé jusqu'alors. Contre-coup direct de l'Exposition de Paris et des affaires de Chine, cette mesure politique venait pleinement confirmer certaines remarques qu'il m'avait été donné de faire et que j'ai consignées d'ailleurs au cours de ce récit. Le gouvernement allemand, d'accord en cela avec l'opinion publique, continue à faire des avances à la France. Au point de vue pacifique nous devons sans doute nous réjouir des excellentes dispositions du

---

(1) C'est là que fut signé la capitulation de Metz.

kaiser à notre égard, mais au point de vue de l'Alsace-Lorraine cela ne modifie en rien la question qui reste toujours entière. L'œuvre morale de la conquête n'est pas accomplie — les dernières élections viennent d'en fournir une preuve nouvelle — et les revendications contre l'abus de la force demeurent aussi vivaces, aussi imprescriptibles que par le passé. Toutefois, la puissance des choses et le poids des événements ajournent tout débat à ce sujet. Nous n'avons rien abdiqué pour cela de nos espérances, mais nous attendons tout du temps et des circonstances.

Reverrons-nous quelque jour nos drapeaux flotter sur les remparts de Metz ou léguerons-nous à ceux qui nous suivent ce devoir sacré? Obtiendrons-nous par la paix ou par la guerre les réparations de la fortune et le triomphe du droit? Nous l'ignorons.

Mais nous avons foi dans ce que Gambetta appelait « la justice immanente ». Milan a attendu sa délivrance de 1815 à 1859 : le canon de Magenta la lui a apportée. Venise a été affranchie par un acte de la diplomatie autrichienne comme ricochet de Sadowa.

L'avenir ne nous confie pas son secret, mais nous espérons en lui.

www.ingramcontent.com/pod-product-compliance
Lightning Source LLC
Chambersburg PA
CBHW061011050426
42453CB00009B/1381